史上最強股票作手的獲利細節

JESSE LIVERMORE'S METHODS OF TRADING IN STOCKS

JESSE LIVERMORE AND RICHARD WYCKOFF

著……傑西・李佛摩 & 理查・威科夫

譯……肖鳳娟

目錄

史上最強股票作手的獲利細節 JESSE LIVERMORE'S METHODS OF TRADING IN STOCKS

導讀

INTRODUCTION

在投資領域中，李佛摩的相關書籍堪稱是暢銷書和長銷書，是投資書籍中的長青樹，而且在銷售排行榜中總是名列前茅。究其因，就是所有賺錢的人與投資大師級的人物，總是將之列為推薦書籍中的首選。他們推薦李佛摩書籍的主要原因如下：

‧這是一本值得您買回家一讀再讀的書籍

李佛摩的相關書籍有四個特色：

1. **強調賺錢是一件很難的事**。一般人常自稱為大師，且強調學會投資，賺錢是件很容易的事，但結果往往不是那回事。

2. **詳細說明賠錢的經過與教訓**。多數書籍都教人如何做就能成功，卻沒有人提到可能會賠大錢。

3. **清楚的以案例說明，如何運用技巧進行交易**。例如：如何找到關鍵點、交易時機，如何做好情緒管理、資金管理等。

4. **全方位學習，全方位投資**。投資要賺錢，就必須全方位的學習投資，從人性、投資心理、政策、財報、基本面、技術面，以及資金管理與情緒管理，都必須面面俱到才行。而一般的書籍總是強調，只要學會一招，就能輕鬆賺錢。

•投資大師專訪李佛摩

市售李佛摩的相關書籍，大約分成四類：

1. 李佛摩親筆寫的書。
2. 記者或專家對李佛摩的專訪。

3.以傳記的方式，寫李佛摩的操盤生涯。

4.綜合前三項，作者寫李佛摩操盤術。

本書屬於第二類，由市場極度推崇的大師級人物、量價分析創始人理查．威科夫（Richard D. Wyckoff）對李佛摩所做的專訪，然後以系列文章的形式刊登在《華爾街雜誌》上，隨後他將這些文章整理成冊，極具可看性。

李佛摩操盤術是涵蓋了所有商品，以及所有技巧的全方位操盤術。所有商品包括：股票、債券、可轉債、基金與ETF，特別適用於權證、期貨、選擇權等衍生性金融商品。

而所有技巧則包括：短期、中期與長期投資，特別適用於極短線當沖交易。他的全方位操盤術，甚至包括金融政策、籌碼分析、量價、總經、財報，及操盤最高等級的壟斷與操縱。

• 李佛摩操盤術的六大關鍵核心要素

李佛摩操盤術包含了六個重要板塊：

1. **三大拼圖**，包括：市場時機、資金管理和情緒管理。

2. **五大交易法則**，包括：市場法則、時機法則、由上而下操盤法則、資金管理法則和情緒管理法則。

3. **人性與投資心理**。李佛摩從小離開學校，進入操盤生涯後，唯一回學校再唸的是心理學。

4. **投資邏輯與投資策略**。無論哪一本李佛摩相關的書籍，自始至終都充滿著李佛摩操盤過程中的投資邏輯與策略。

5. **操作心法**。對於李佛摩在操盤過程中的話語，後人反覆的浸淫在他的操作心法中。

6. **資訊搜集運用與工作環境**。本書鉅細靡遺的描述李佛摩如何搜集資訊運用與其工作環境，這是想賺到大錢的基本要件，但別人做不到，而他是如何辦到的。

・如何閱讀及思考這本書

我們從威科夫大師著作的這本書目錄可以看到，李佛摩操盤生涯的完整框架，而導讀的作用在於教導讀者如何閱讀這本書、如何思考才能從中獲益。

首先，在**第一章**李佛摩強調的是「**避開弱勢產業**」，應該追逐強勢的主流股與領導股，這跟一般人的投資邏輯正好相反。他說，要買的標的應該是漲最多、價格最高的股票，而價格越高越安全。但是一般人的認知是，要逢低買，買價格相對低廉的股票，甚至認為價格越低越安全。

李佛摩說，「股票也有季節性和流行時尚」。他認為，股票投資物換星移，就像女人的帽子和衣服一樣，流行一陣子後可能退潮流。因此情況有變時，投資者不僅要跟上變化的腳步，還要能展望未來，否則他將發現，自己的資金被套牢，無法運作。

在這裡讀者要思考的是，「避開弱勢產業」是指避開那些缺乏堅實財務基礎的低價股，但「股票也有季節性和流行時尚」則是告訴你，低價股也會有上漲的時候，是可以買進的標的。讀者是否能分辨其中的差異與投資邏輯？

「弱勢產業」，指的是市場在上漲趨勢中，類股漲幅明顯落後的產業，或是市場在下跌趨勢中，類股跌幅明顯大於其它的產業。要避開弱勢產業，必須同時參考基本面，而「股票也有季節性和流行時尚」則是要考量基本面中的季節性因素，與產業循環週期。

•好習慣與對的環境是賺錢的基礎

第二章與第三章，描述的是上面李佛摩操盤術六大關鍵核心要素中的第六點，資訊搜集運用與工作環境。威科夫把這個重點放在最前面，足見這是操盤的基本要件，就像是「工欲善其事，必先利其器」一樣。操盤要成功，前置作業就必須先做好，而與其它李佛摩相關的書籍做比較，顯然本書特別加重這一部分的篇幅。

我們都知道，早睡早起是對身心都好的習慣，但是現代人從學生時代就開始養成晚睡晚起習慣，特別是在網路興起之後，同學、同事半夜都在網路上，更讓早睡早起變得更加困難。

只要在投資市場待得夠久的人都知道，只有那些少數跟一般大眾作為不一樣的人，才是賺錢的人。早起，不只是精神好，還可以比別人先取得資訊、先開始思考。李佛摩在這裡說明了早睡早起的好處，以及他都做了些什麼。**根據他的描述，看似平庸的生活起居，其實是要賺大錢的最底層基礎。**

要成功，生活環境與工作環境是非常重要的一環，因此辨公室設計與辦公設備變得格外重要。寧靜才能產生力量，獨立思考是股市賺錢的源頭。搜集資料進行研究，正確解讀新聞事件，並經由投資邏輯判斷後精準預測未來，才能在股市中獲利。

•掌控進出市場時機並做好資金管理

李佛摩說，他不看圖表，因為容易產生僵固性，在判斷上失掉彈性後，操作上難做動態調整。**第四章**談的是正確解讀行情紙帶，指的是李佛摩操盤術六大關鍵核心要素中第一點的市場時機。行情紙帶上顯示的是價格波動與成交量變化，以現代技術分析的角度來看，所有一切的資訊都會反應在價格上，因此趨勢、整理或反轉，買點或賣點，都可以從這裡找到答案。在第四章，作者以條列的方式敘述李佛摩在行情紙帶上搜尋的內容，而正確解讀行情紙帶的關鍵要點，是本書的一大特色。**藉由掌握市場進出時機，才是操盤賺錢實務的起點**。

第五章風險管理與**第六章**資金管理，就是李佛摩操盤術六大關鍵核心要素中第一點的資金管理。這兩章是李佛摩投機事業三大拼圖中的一塊，足見要操盤賺錢，在精確掌握進出時機後，必須精明的從賺賠金額的比例下手。要在做對的時候賺多一點，做錯的時候賠少一點，才可能持續累積財富。也就是說，做對時，要順勢持續加碼；做錯時，要設定停損並嚴格執行。

• 投機投資兩相宜的倍數賺錢術

李佛摩的交易型態，到底是投機還是投資？事實上，投機或投資只是一線之隔，投資市場中有各式各樣的定義，無論你採用哪一種定義方式，都會發現博大精深的李佛摩操盤術，都涵蓋了這兩種交易型態。

若以股票交易來看，只做多不做空，長期或波段操作，如巴菲特的操作方式，我們稱之為投資。投資的操作模式是：追隨強勢股並持續加碼，避開持續下跌的弱勢股，並以一〇%以內停損做為風險管理。這在**第七章**有詳細說明。至於動用信用交易放空股票，或是動用槓桿交易期貨商品，自然就歸類於投機操作。投機的操作模式是：上漲時，持續加碼買進，下跌時，持續加碼放空。這些在**第八章**放大獲利的累進戰術中有精彩的說明。

・為後世立下典範的李佛摩操盤術

在投資市場賺到大錢的大師級人物很多，但卻沒有一個人像李佛摩一樣，把自己一生中如何在市場賺到錢的方法講得那麼清楚。同時，專訪李佛摩的大師或記者，都是文筆好又在行，所以才能寫出那麼膾炙人口的文章。

李佛摩的操盤生涯中賺了好多次的大錢，但他從來都不講要如何操作才能賺到大錢，他總是說，**我的重點是要做對事情。賺錢這件事，是跟隨在做對事情之後自然發生的報酬。**

他對於金錢的考量是，要交易就必須有錢，這是資金管理的基本出發點。即便是每次都賠光了，也從來沒聽說過他會擔心、害怕沒有錢可能活不下去。他只擔心沒了錢後，會失去他最愛的投機樂趣。當他失去了投機樂趣，才是真正開始害怕的時候。

李佛摩說：「股市中成功的關鍵在於知識和耐心。」知識這兩個字，涵蓋的範圍實在太寬太廣，就像他自己說的，永遠要不停的學習新知。李佛摩說：「用盡心機，賺不到錢；縮手不動，錢財上門」。耐心，就是他所說的縮手不動。也就是說，進場前，抱著現金縮手不動在場邊上等，耐心等待交易時機出現；進場後，耐心等待趨勢走完。場內場外兩種耐心都不是常人容易做到的，因為不符合人性。

・給讀者的建議

有關訓練自己買賣操作能力的部分——投資操作是必須藉由不停的操作與演練才學得會的，就像醫生一樣，除了醫學院的教育，畢業後還要不停的在醫院實習，才能學得醫生的技能。

有關延伸學習，及訓練自己思考邏輯的部分——經常出現在李佛摩操盤術中的語詞，必須仔細研究透澈，包括：關鍵點、交易紀錄、親力親為、交易時機、資金管理、情緒管理、縮手不動等。

如果你想要練到像李佛摩一般的功力，請先把自己的心智與行為調整到跟他一樣，包括：他的生活起居習慣、思考邏輯與行為。

——李佛摩操盤術的最佳代言人　**齊克用**

序言

PREFACE

本書中的內容最初是以系列文章的形式刊登在《華爾街雜誌》上的，這些文章都是理查・D・威科夫對傑西·李佛摩的獨家專訪。當時，傑西·李佛摩是當時市場中最令人敬畏的人物。

在這些文章「遺失」多年後，這些訪談紀錄首次被歸整到一起，整理成書。

1

認識市場中最偉大的交易員

MEET THE MARKET'S GREATEST TRADER

社會或者產業中的每一個階層都有其領袖——該階層的傑出人物，他們身上最大程度的集合了該階層的特質。這些領袖不是經由大眾票選出來的，他們根本就不是選出來的。他們之所以能到達巔峰、成為領袖，是透過他們自己的個人努力——不管遇到什麼難題都奮力前行，並且在遇到無法避免的挫折時加倍努力。

正如常言所說，這些領袖中，一些人會比其他人更快的登上巔峰，一些人則透過更高明的策略脫穎而出。

然而，不論這些人花費多長時間登上巔峰，一旦到達，他們的名氣就如閃電般迅速劃過報刊媒體的每一個角落。每家不斷為大眾尋找新偶像的媒體，總會讓其得以實現。

深藏不露的操盤手

幾乎每一次，媒體都用它們的方法、原則和信念做著同樣的事情，將領袖們的成就轉化為公共財富。為了滿足大眾對於這些領袖內心觀點的不竭興趣，這些媒體向領袖們提及的問題幾乎涉及日光之下每一件有爭議的事——有時也會透過其他管道獲得他們的觀點。這些領袖人物極少有人能保守自己的祕密，即便少數有如此期望的領袖，也是如此。

然而，凡事皆有例外，在這裡有一個十分令人矚目的例外。這個人，在他所處的特殊領域中，相較於其他人顯得鶴立雞群，他幾乎是那個領域的唯一領袖。在過去的那些年，他成功的躲開大眾的關注，十分完美的隱匿了自己。這個人的沉默寡言，尤其令人印象深刻，因為他占絕對優勢的這一領域，相較於其他領域，有更多的大眾抱有興趣，而且有更多的人想積極的參與這個領域。在這個人所處的領域中，他的言論是絕大多數人最願意聽到的。

這個領域就是活躍的證券投機。眾所周知，這一領域的領軍人物，正是傑西．李佛摩。

曾失敗過的操盤手

十四歲的時候，李佛摩便開始進行證券交易。當他還僅僅是個毛頭小子的時候，就為自己掙到了第一個一千美元。李佛摩實踐著活躍投機客熟知的每一種交易策略，研究每一種投機理論，並且幾乎交易過在紐約證券交易所上市的每一檔活躍的股票。

透過積極的付出與投入，李佛摩積攢了大量的財富，然後破產，接著吸取經驗教訓，再重新開始——積攢起新的財富。

李佛摩能在眨眼之間轉變自己的股市立場——大多數時候，他只要在長長的行情表中看到「但是」兩個字，就能做出決定，賣出上千股在行情看漲時買進的股票，轉手放空上千股股票。

如果李佛摩後來的經歷不足以激起大眾的興致，那麼他最卓絕的成就，絕對能為他贏得萬眾矚目，那就是擊敗對賭行（編按：對賭行，一個名義上進行股票等類似商品的交易，但實際上是對股票、穀物、石油等價格升降進行小額賭博的機構，股票等物的交易並未發生）。

事實上，擊敗這些騙子，是李佛摩在投機受挫後的一項計畫，不過受挫後他不得不從小規模的資金重新開始。

深入進行產業研究

直到晚年，當問及他過去的股市操作時，李佛摩都保持絕對的緘默。也許是因為他不想誤導那些草率的、準備不足的投資者進入這個競技場；在這裡，只有優秀的學生才能倖存下來。

自吹自擂不是李佛摩的習慣，而且毫無疑問，他也認為透過一生的奮鬥和竭盡勇氣的努力所獲得的方法，不應當輕鬆的傳遞到業餘者的手中。

李佛摩之所以願意接受我的採訪，並允許我引述他的言論，部分是受到了我之前工作的影響——我向投資者揭示了華爾街慣用的手段，以及華爾街人物們的理論和方法。因為這些基於真實投資者的教育工作，讓投資大眾得以使用更加聰明的操盤方法。

在動身前往歐洲度假的前夕，李佛摩在採訪中說道：「一個人，要想在思維上跟上市場環境並取得成功，最聰明的方法就是深入的進行產業研究，這樣一來，才能夠區分哪些是好的產業，哪些是糟糕的產業，以進軍那些前景光明的產業，擺脫那些前景不好的產業。」

別因為股價便宜而買進

「我認為引起讀者對上述事實的注意是十分重要的，因為一次又一次的歷史經驗表明，在華爾街，人們總是經常看不到顯而易見的事情。在之前的年代裡，只有幾千人對證券市場感興趣，現在，則有數百萬人對證券市場感興趣。我再三強調，購買證券時辨別力的重要性。缺乏經驗的投資者所犯的錯誤中，最大的錯誤之一就是，僅僅因為售價低廉就買進那些便宜的股票。事實上，價格並非總是便宜與否的指示器，因為不配息的股票有投機價值，但這造成它們的售價高出它們基於收益或者潛在配息所確定的價值。儘管在很多例子中，一些低價股票可從一股三十美元或四十美元上漲到了一股一百多美元，然而，大多數低價股票會因為陷入破產而下市、銷聲匿跡，或者苦苦掙扎，勉強維持收支相抵，向股東進行配息的前景十分渺茫。

「在挑選股票的時候，對投資者而言，唯一必要的就是確定出哪些產業是最強勢的，哪些產業較為強勢，以及哪些產業相對弱勢，哪些產業十分疲軟等。」

避開弱勢產業

許多投資者不能辨別強勢股和弱勢股，而且由於未能意識到其中的重大差異，他們錯失了許多絕佳的投資機會。正如李佛摩所說的那樣：

「我發現，最好是完全徹底的避開弱勢產業。我尤其會避開那些缺乏堅實的財務基礎的低價股，因為當市場開始下跌時，代表這些弱勢產業的證券往往先行下跌，而且它們的反彈也十分困難。因此，我們應當避免被這些低價股和財務狀況糟糕的公司套牢，因為在激烈的競爭下，由於缺乏足夠的運營資金，這些低價股和弱勢產業面臨著重重困難。

「**正如我避開弱勢產業和弱勢股那樣，我青睞最強勢的產業和最強勢的股票**。我會挑選出基於目前的條件來看面臨著最光明前途的那些產業。當然，我們還必須能夠，而且願意根據後期產業的發展狀況來修正我們的預期。」

股票也有季節性和流行時尚

「在挑選股票的時候，投資者們應當銘記，所有商品的需求不是在同一時期集中爆發的。任何東西都有自己的季節性，將這一點考慮進來十分重要。例如，眾所周知，汽車股和輪胎股通常會在春季和夏季走出行情。股票的旺季一般比與之相應商品的旺季稍微提前一點。如果指望這些股票在商品旺季過去之後還繼續上漲，那就顯得缺乏邏輯了。

「一些股票的利多條件可能恰恰是其他股票的利空條件。

「因此可以看到，在投資中，既有季節性，也有流行時尚。情況有變時，投資者不僅要跟上變化的腳步，還要能展望未來，預見之後的六個月至一年的時間裡，哪些改變將會發生。否則的話，投資者將發現，自己處在令人苦惱的位置上——被那些走過頂峰轉頭向下的股票套住。他將痛苦的發現，自己的資金被套牢，無法運作。

「投資者應當確保自己能規避上述的情況。方法就是避免一頭栽進低價股，保持主要資金的流動性，以便當好的投資機會出現時，自己能夠搶占先機，抓住投資機會。在股票市場中，也許下面的這個事實，是阻礙大眾獲得成功的最大原因——**投資者無法讓自己的投資與投機資金保持恰當的流動性**。大眾經常處於一種滿倉狀態或者套牢狀態。而且，告訴大眾某檔特定股票將會在一個月內上漲幾個百分比，你覺得他們會感興趣嗎？不會的，他們只想賺快錢。然而，幾個月後，他們看見這些股票的價格上漲了二〇%，而他們當初買進的低價股卻相較買入價下挫，這時他們才會幡然醒悟。」

投資成功唯一可靠的方法

「告訴你的讀者，股市中的成功並無神祕之處。在我看來，**任何人要想在投資上取得成功，唯一的方法就是在投資之前進行詳細研究，在行動之前先調查，堅持基本原則，並忽略其他事情**。

「沒有人能夠在市場中取得成功，除非他掌握了經濟學的基本知識，並且完全熟悉各方面情況——公司的財務狀況、它的歷史、生產情況、它所處產業的狀況，以及經濟的總體形勢。」—

李佛摩成功的關鍵

「**股市中成功的關鍵在於知識和耐心**。只有如此之少的人在股市中取得成功，是因為投資者們缺乏耐心，想快速變得富有。**他們不願意在股票下跌的時候買進，然後耐心等待。大多數情況下，他們在股票上漲，而且是接近頂部的時候買進。**

「從長遠來看，除了知識，耐心比其他的因素都要重要。這二者的確相輔相成。那些想要在投資上取得成功的人，應當明白這個簡單的真理。他們還應當記住這個——在買進股票前進行詳細研究，這樣才能確保你持有的部位是可靠的。不要因為你的股票上漲緩慢而洩氣。好的股票遲早會大漲，等待是值得的，特別是在牛市中。

「從產業前景的角度來考慮投資，挑選最強勢產業中的最強勢公司，不要僅僅憑著希望去買進股票。

「買進股票的唯一時機是你知道它們將會上漲。」

2

獲利細節一：準備一天的工作

HOW HE PREPARES FOR THE DAY'S WORK

克服自身弱點的李佛摩

在分析李佛摩在股市中運用的方法的時候，我不會先展示他的操盤歷史，而是要再提一下這個事實：他從十四歲就開始交易，到一九二二年已經在股票市場交易了近三十年。在此期間，李佛摩花費了二十五年的時間尋找自我。而且，與此同時，他的財富從五美元累積到一百萬美元，然後破產，一無所有，並背負了一百萬甚至更多的債務，所有這些都展示出李佛摩在股市中賺錢的能力；而他面臨的困難是如何保有財富，這也說明了李佛摩當時的交易方法只是部分有效的。

最終李佛摩如何發現並克服了自己的弱點呢？他是怎樣由活躍的、不確定的交易形式轉向相對不活躍，且總體來說能一直獲利的長期交易形式的呢？這些正是本書後面部分的重要主題。因此，話不多說，讓我們開始分析李佛摩的交易方法吧，因為每一個打算在股市掙錢的人都渴望瞭解這項交易是如何進行的，而在這方面沒有比李佛摩更好的素材了。

每天晚上十點就寢

以每個人的成就來看，其成功的一個要素就在於，他如何準備一天的工作。相對來說，很少有人會提前規劃工作日。人們每天的例行公事，內容無非是不定的訪客、會議或者其他打岔的事。一天結束後，他們會將這些事拋諸腦後，而留下一些尚未評估、研究和決策的重要事情。李佛摩可不是這樣。**他的交易觀點是建立在事實基礎之上的。他需要時間和僻靜的空間來評估、吸收和消化這些事實，並據之形成自己的結論，規劃自己的交易活動。**

李佛摩準備一天工作的方式就是每晚十點就寢。他睡得很早，因為他知道「機敏的人能從任何事中獲利，他們不會忽視任何能增加獲利可能的事情；不夠機敏的人有時候則會忽視某個機會，最終一事無成」（編按：拿破崙名言）。

充足的睡眠，可消除前一日的干擾

李佛摩想要的不僅是充足的睡眠帶來的好處，他還希望能夠早起，為一天的工作打起十二分的精神。早餐前，李佛摩會花上一到兩個小時研究影響股市的世界形勢，包括銀行、對外貿易、貨幣、農作物收成、公司報告和交易資料。他選擇在早晨研究這些事情，是因為在這個時候，他的頭腦已經得到充足的休息，完全清除了前一日的干擾，就像一張等待拍照的乾淨底片。

另外，李佛摩會閱讀重要的晨報，分析並權衡新聞的影響。這些新聞大多數源自於前一天發生在全球的事情，透過新聞剪報、速報（跑馬燈）和晚報，李佛摩早已獲得了大部分的消息；但是在早晨，這些消息會以全新的視角呈現出來，李佛摩會再次仔細閱讀這些新視角。大眾閱覽新聞的慣例是閱讀大標題，略讀部分正文，但李佛摩不是這麼做的。對李佛摩而言，報紙角落裡只占據三行篇幅的小報導，可能比整張報紙的其他部分有著更重要的意義。他曾經僅僅因為留意到報紙上一則簡短的配息公告，跋涉四千英里進場交易。李佛摩還因為憑藉一則新聞報導清空十萬股股票而為人熟知，之後他又反手做多，因為他發現自己錯誤的解讀了那則新聞報導。

早起的習慣，打造出良好的工作效率

在李佛摩看來，報紙的頭版和大標題是為大眾閱讀準備的。他說，重要的事實經常潛藏在各種各樣隱匿的位置。李佛摩要發掘的就是這些東西。如果不能在早晨或者日間發掘出這些內容，他會暫時打破早睡的慣例，一直工作到凌晨一兩點。他一定要得到他想要的資訊才肯甘休。

在特定的報紙上，李佛摩搜集關於鋼鐵、煤炭、紡織、銅冶煉、汽車、裝備製造等主要產業的文摘，以及棉花、糧食、白糖等商品市場的消息。所有這些資訊都會做為各自領域形勢的指示器，得到他的仔細審閱。這些消息還會間接的引導李佛摩做出關於整體商業形勢的正確判斷。

凡是帶著相似目的運用早間時段的人，都會意識到這一習慣帶來的優勢是如此巨大。

辦公室靜悄悄的。在這段充足的時間裡，沒有事情會打斷你著手工作，調查研究，直到得出結論。一天之中，沒有其他的時間段能提供如此寶貴的機會，供你靜靜的消化吸收這些資料。如果等到開市，股價不斷的從行情收錄器中蹦出，你才在閱讀行情紙帶的間歇中進行上述活動，結果就不會如此有效。

清晨研究還有一個不那麼明顯的好處：每天的研究時段都恰好間隔二十四小時，這樣更容易辨別向好或者向壞的變化趨勢。數學家會告訴你，研究任何一個反映某產業、某公司或者某要素的圖表曲線時，最重要的就是看變化因素是指向好還是壞；而且不僅要研究這些變化的方向，還要研究在固定的間隔內這些變化發生的頻率。我發現，當我忙於其他領域的事情，因而一天只能花費大約一小時來研究市場時，上述結論確實十分正確。這些短暫但是有規律的時段被證明是一大優勢而非劣勢。按照這樣的方式觀察問題，你會發現效果就像是觀察一組每隔一周拍攝的照片，照片裡是一座正在建設的大樓。這可使人們能夠觀察到事情在朝一個方向還是另一個方向變化，變化發生得快還是慢。當朝向某個方向的運動開始放緩時，人們也能得到預警，知道變化即將發生。

投資的研究，應在清晨就完成

李佛摩不會被這個人或者那個人關於某一產業當前形勢的言論所干擾。他會觀察並研究那些能夠顯示某一產業未來數月中可能出現情況的資料。當新聞報導指出鋼鐵公司利用了二五%至三〇%的產能時，李佛摩告訴我說，實際的資料是不到二〇%。這是他在別人熟睡的清晨，從各種消息來源中提煉出來的資訊。李佛摩對於經濟形勢、交易趨勢等的日常關注為他提供了投資的依據，所以他在每天上午十點開市之前，就已經形成了一些觀點。

在一次討論中，李佛摩說：「要想在市場中取得成功，投資者必須有經濟學的基礎知識，並且十分熟悉各方面的情況——公司的財務狀況、公司的歷史、公司的生產狀況，以及公司所處產業的狀況、經濟的總體形勢。股市中的成功並無神祕之處。**在我看來，任何人要想在他的投資上取得成功，唯一的方法，就是在投資之前進行詳細研究。**」

他還補充說道，清晨應該早起完成這些研究，因為白天工作的時候，很可能沒有時間來專注的做好這件事。也不要在晚上研究，因為在工作了一天之後，大腦已經很疲勞了。對那些不從事股票交易活動的人來說，這一點更加適用。

大多數人的思維都因循守舊。他們是習慣型的生物。這些人早晨八點起床，因為他們不得不九點上班。在晚上，他們覺得自己需要娛樂休閒，這通常意味著去劇院、去跳舞或者約人打橋牌。他們認為自己有理由享受這些休閒時光。如果這些娛樂活動會讓他們在外面待到很晚，人們就會說這些活動「是有益的運動，即使減少睡眠時間也問題不大」。確實如此，人們這樣做的確問題不大，但是如果他們總是這麼做，還能取得成功嗎？

早睡，才有精神聚焦於關鍵之處

和大多數人的固定習慣相反，李佛摩願意犧牲掉許多占據人們晚上十點至十二點，甚至到一、兩點這一所謂消遣活動的時間段，以便將這幾個小時用來休息，進而連續不斷的在早間時段進行研究。晚睡和晚起是大多數人最容易沉溺的兩件事情，這裡的大多數人指的就是「大眾」。**這數百萬的人企圖以一種隨意散漫的方式，去精通這個世上最盛大而最困難的遊戲——這種遊戲需要的思維方式和生活習慣，與傳統的截然相反。**

如果一個人沒有用這些方法在工作中武裝自己，那麼他絕不應該將交易股票當作自己的職業。李佛摩的經歷表明，兩項條件是必須具備的：①充足的睡眠，②充足的時間用來進行全面細緻、連續不斷的研究和反思——研究和反思那些塑造市場趨勢的要素和影響，那些決定整體商業環境繁榮與否的因素，以及決定個別產業或者公司繁榮與否的因素。

李佛摩熱中於研究人性與股市的關係。正如他在之前的採訪中所說的那樣，「股市中成功的關鍵在於知識和耐心。只有如此之少的人在股市中取得成功，是因為投資者缺乏耐心。他們想要賺快錢。他們不願意在股票下跌的時候買進，然後耐心等待。大多數情況下，他們會在股票上漲，而且是在接近頂部的時候買進。」

李佛摩之所以取得巨大的成功，是因為他對股市和自己都做了深入的研究。這就是所有事情取得成功的途徑。拿破崙曾寫道：

「如果在每次緊急情況和困難面前，我都表現得有所準備，那是因為我在行動之前已經深思熟慮，進而預見了可能發生的情況。能夠在其他人還未預見的情況下，迅速並神奇的說出我該說的話，做出我該做的事，這並不是我的天賦，而是因為我深謀遠慮。」

有一天，我和一位朋友一起去了李佛摩的辦公室。這位朋友想向李佛摩提供一些最新出現的消息，他剛剛提到了公司的名字，李佛摩就從辦公桌的頂層抽屜裡拿出一份備忘錄，一邊揮動一邊說，「這就是你想說的事情？我四天前就已經知道了。」

股票交易不是賭博

在數年前的一次採訪中，李佛摩說：「任何認為自己的成功依賴於運氣的人，最好都不要進入股市。這種看法從一開始就是錯的。**大多數買賣股票的人所犯下的一個嚴重問題，就是，他們認為股票交易是一種賭博活動。**

「從一開始，人們就要認識到，這項工作就像法學和醫學那樣需要研究與準備；股票交易也有規則，需要仔細研究，正如一個主修法律的學生為辯護做準備那樣。許多人將我的成功歸因於運氣。事實上，我已經花了十五年全面細緻的研究股市，你甚至可以說我已經將生命獻給了股票交易，我在這項事業上集中精力，並努力做到最好。」

總結

從上述內容我們可以知道：

一名操盤手如果想要獲得驚人而持久的成功，需要獻身於這項事業。他應當具備與這個工作相適應的一些特質，特別是這個領域需要的一些顯著的能力，以及想在股市中成功的強烈願望。

生活中很大部分時間都忙於其他事務的一般股市交易者，很難成為華爾街認可的操盤手。但是，在不耽誤自己本職工作的情況下，這樣的交易者在投資中投入越多的努力和才智，就越能深刻理解這個產業，並成為一名更加科學的、成功的交易者。

①對於基本狀況的透澈瞭解不可或缺。

②每天應當投入固定的時段用於研究。

③最好從原始的、權威的訊息源的確鑿事實，來形成可靠的觀點。隨著經驗的累積，解讀這些事實的能力會與日俱增。

④真正的消息不在大標題裡。交易者必須從各處搜尋它。

⑤預見未來趨勢的能力絕對是極其重要的。

3

獲利細節二：操盤空間的特殊設計

THE SPECIAL ARRANGEMENTS OF HIS OFFICE

避免受到負面資訊的影響

李佛摩日常工作的環境是他專門為自己創造的。這是他長期從事股票交易所形成的。

「心理氛圍」是華爾街廣為流傳的術語，通常指華爾街人們的心理狀態，尤其是指聚集在著證券交易者的經紀人事務所裡人們的心理狀態。經紀人事務所的心理氛圍，隨交易特點和客戶數量及客戶的一般心態而有所不同。有的小型事務所裡面只有少量幾個股票行情收報機和其他設備、一個顧客接待員和

一、兩個同事。這裡看起來是個十分安靜的地方，但實際上不是。在這裡，幾乎不可能連續十五分鐘思考而不被打斷。整個交易時間充斥著交易者談論的各種小道消息，以及經紀人與顧客交換各種傳言的聲音。在這樣的環境下，除非擁有又聾又啞這項並非優勢的「優勢」，不然是不可能集中精力進行投資分析的。一些較大的事務所配有大型行情板，旁邊有二十五到五十個客戶在關注著行情板，心理氛圍要緊張十倍，對於職業交易者來說，更加不利於進行交易。在那些小型的、擺放位置更低的行情收報機旁邊，圍著的一小群一小群的人，不停的聊著關於股票的傳言。坐在你旁邊的人一直想要告訴你他的期望和恐懼，告訴你他所看到、聽到、想到或知道的。

保有獨立思考的習慣

所有這些李佛摩都經歷過。過去很長一段時間以來，他還未見識到安靜和隔絕的好處；但是許多年之後，經驗教會他僻靜的重要，**他開始一直待在自己的私人辦公室進行證券交易，促使自己不受客戶交易室消極喧嘩的影響**。

早晨，李佛摩會乘坐私家車，從市內宅邸或位於長島的避暑別墅到辦公室去，他沒有選擇乘坐火車或地鐵。很多富商和金融家也都乘坐私家車，但他們避免和其他人交流並不是出於特別的原因，李佛摩卻是。他知道，**如果乘坐公共交通工具，大家談論的話題必定會涉及股票，他將不得不聽到許多所謂的市場消息和傳言，這些都有礙於他形成自己的判斷。**為了獨自經營自己的證券，李佛摩要進行獨立思考，並且希望自己的思考過程不受到任何干擾。

鎮定，一種操盤手不可或缺的特質

身為一名交易者，一個不可或缺的特質就是鎮定——冷靜對待各種事物，觀點不偏不倚，不受自己的期望或恐懼的影響。李佛摩的鎮定程度令人驚嘆——很明顯，他生來就具備這樣的特質，並且在後天得到了充分的培養。

李佛摩最討厭小道消息

李佛摩最討厭小道消息。在華爾街，即使經驗甚少的人也知道，人們常常決定按照自己的方式來處理一些狀況，但往往會因為一些陰險狡詐的建議，徹底拋棄自己之前制訂好的計畫。在認真仔細的研究了這些因素的影響之後，李佛摩早早的認識到，只有排除干擾因素，基於事實真相、合理論證以及合乎邏輯的結論做出判斷，他才能取得最好的投資結果。

李佛摩進行了各項自我提升的活動，其中一項是心理學研究。我不是指他僅僅思考了華爾街各個時期對人們的心理影響，而是他研習了這門課程——成了一名主修心理學的學生。就像他鑽研其他任何有益於其畢生事業的事情那樣，李佛摩從不在任何事情上淺嘗輒止。

李佛摩的辦公空間設計

李佛摩的辦公室位於市中心一幢摩天大樓的高樓層。辦公室的門上沒有名牌。整個辦公空間包括接待室、助手的私人辦公室以及他自己的私人辦公室。他的私人辦公室由雙開式彈簧門與股票行情室隔開。這是一個長方形的房間，一邊掛著一個很寬的玻璃行情板，另一邊是一排窗戶。行情板上顯示著三、四十檔活躍的龍頭股（編按：某一時期在股市的炒作中，對同產業其他股票具有影響和號召力的股票）報價和棉花、小麥、玉米、燕麥等活躍期貨的報價。行情板上的內容與一般經紀人事務所裡通用的設計不一樣。行情變化展現的方式不是只將開盤價、最高價、最低價和收盤價列印在一張張紙條上，而是每檔股票都有貫穿整個行情板版幅的縱列，李佛摩用粉筆在這些縱列裡記下報價的各種變化，同時在股票名稱縮寫的下方記下大量的交易情況。李佛摩更喜歡這種形式的行情板，因為他可以透過這種行情板瞭解股價漲落、反彈和回跌的程度，以及股票的相對活躍程度。交易量並沒有顯示在行情板上，李佛摩是透過行情紙帶得到交易量的情況。

在行情板前方幾尺外的正中央，放著股票收報機、棉花收報機、小麥收報機和新聞收報機。這樣一來，李佛摩就可以借著窗戶透過來的光閱讀行情紙帶上的內容，而且他只需要一抬眼就能看到任何一檔股票的情況。

在許多經紀公司，你會看到矮矮的行情收報機放在小圓桌上，三、四個交易員聚集在這些行情收報機旁邊，要麼伸長脖子想看得更清楚，要麼使勁讀著顛倒的行情紙帶。除了在私人辦公室辦公的時候偶爾用一下，李佛摩並不相信這些放在低處的行情收報機。在他的辦公室，有一排這種收報機。一般情況下，李佛摩希望這些行情收報機置於高處，這樣他就不得不站起來看了。李佛摩認為說明自己精於股票交易業務的眾多因素中，其中之一就是自己使用了這些高高放置的行情收報機，因為這些高立的機器使他不得不站著看行情，如此一來，自己的呼吸就很順暢，周身血液循環也暢通無阻。這一站姿與那些坐在低矮的行情收報機旁邊的人，所採取的蹲著或者坐著的姿勢恰恰相反。李佛摩幾乎整天都站著。他甚至在打電話的時候也保持著站姿。因此他還得到了相當程度的鍛鍊。

與詹姆斯・R・基恩的相似之處

除了行情板，李佛摩辦公室的主要設計都和已故的詹姆斯．R．基恩（James R. Keene）的辦公室高度相似。詹姆斯．R．基恩是一名傑出的股市作手（編按：十九世紀知名的華爾街的股票經紀人，爲摩根大通和洛克菲勒管理基金），我曾有幸造訪他的私人辦公室，並度過了一段很有趣的時光。基恩先生也把股票收報機放在高處，盤中交易的時候也一直站著，來回踱著步子，要麼去用幾英尺外的電話，要麼走進隔壁私人辦公室的隔間。在閱讀行情紙帶的時候，基恩先生銳利的眼神似乎能直擊市場中發生的重要事情；不讀行情紙帶的時候，他用一種獨特的方式，在行情收報機和辦公室的另一端之間來回踱著步，每一步都按照節拍邁得十分嚴格而精確——如同揮舞著緊握的拳頭，表達著最為堅定的決心。

基恩先生似乎是按照有規律的間隔閱讀行情紙帶的，踱步的次數也是固定的。似乎這樣就可以把他對於行情紙帶的看法，切分成了一張張畫面，在他眼前逐一顯示，而簡短的踱步為他提供了時間消化所觀察到的情況。之前提到過，在研究市場時，有規律的時間間隔和時間間隔的設置都是非常重要的。

在我和基恩先生進行討論時，他會面向行情收報機站著，而我站在他對面。他右手拿著眼鏡，強調著自己的觀點；但他不會連續講很久，他會低頭去看行情紙帶。一旦他的眼睛盯在紙帶上，儘管我可以繼續講話，但是他一個字都聽不進去了。閱讀行情紙帶的時候，基恩的注意力是如此集中，其他所有事情都完全被他忽略了。他可能走到電話前問「誰在買入」，或者「BRT這檔股票怎麼樣了」，然後邁著固定數量的步子走回來繼續研究行情紙帶，完成自己的思考過程。再之後基恩才會從對行情的沉浸中回過神來，並從他之前停下的地方繼續我們的談話。

李佛摩在很多方面都和基恩很像，外貌也是如此。其中最像的就是眼睛，他們的眼瞼兩側都有些下垂，也都有著具有穿透力的目光。李佛摩和基恩的鼻子也很相似——鼻樑都很高挺。這些相似之處的含義要留給面相專家去解讀，但是我知道，和基恩一樣，李佛摩深邃、睿智、機敏、足智多謀、自力更生、高瞻遠矚，而且擁有雄獅般的膽量。關於他們的交易方法，我也發現了很多相似之處。在之後的章節，我會就一些相似點做出闡釋。

極少有人能夠透過電話或者當面接觸到李佛摩。他會收到一些郵件，但是他很少回覆。他沒有時間用於通信。鑽研市場是這個男人的工作。他所見的人，他所寫的信，都和市場以及他在市場中進行的操作，有著密切的關係，否則的話，李佛摩不會為那些事情花費時間。這也符合他排除一切非必要事項的作法。

透過解讀新聞事件來做預測

前面已經提到過，李佛摩的判斷一部分源自於他每天早上對基本面的分析；但是他關於正確選股和正確行動時機的決斷，則是基於對行情紙帶的解讀。新聞透過收報機從世界的各個角落飛馳而來，讓李佛摩能及時瞭解世界各地事件的發展。李佛摩和他的助手們留心著新聞收報機，因為一份報告、一段話、一行報導或者甚至一個字，都可能對他的股市立場產生重大的影響。但是李佛摩並非簡單的接收票面價值等公之於眾的資訊，而是努力的探求這些資訊揭示的實際市場狀況，或者這些報導背後的真實目的。沒有人比李佛摩更清楚，市場是由許多交易者構成的，並且反映著這些人的想法；這些市場參與者中，有些人比其他人更有勢力，這些人經常竭力影響大眾情緒，從而誘導大眾進行買進或者賣出。李佛摩閱讀報導，在字裡行間裡觀察這些人正在試圖採取什麼行動。

在我以前的著作中，我把華爾街描述成一個巨型進料斗，一天到晚，不斷產生的各類信息傾瀉而出——鐵路運輸、工業產業、公司盈利、天氣預報，關於銀行、穀物、貨幣市場、黃金進口、世界新聞的報導，以及成千上萬與股票、債券、商品市場有關的其他新聞報導。這些資訊都在一定程度上影響著總體的商業環境。**李佛摩透過兩種方法解讀新聞報導：首先，他判斷這些資訊對市場或者個股的直接或間接影響；接著，他透過股票行情收報機觀察這些新聞的影響——這些新聞如何在市場上整體性的影響特定股票的買賣行為**。李佛摩對新聞報導的解讀可能與市場表現出來的情況完全相反，但是他知道如果這則新聞足夠重要，那麼它的影響遲早會反映到行情紙帶上。因此，李佛摩努力預測其他大作手們會在何時變更多空立場，以適應新的市場形勢。

如果用兩個字總結李佛摩的方法，那應該就是：預測。

總結

從上面的內容中，我們可以得出以下結論：**安靜的環境和遠離喧囂對於形成可靠、清晰以及獨立的判斷是非常重要的。**和其他工作一樣，股票交易要求人們必須保持專注。對交易的思考、計畫和執行，最好都在遠離經紀人事務所的地方完成。

①鎮定，是一項不可或缺的特質。

②心理學知識是操盤手思維素養中一個重要的補充元素。

③清晰冷靜的頭腦來自於良好的身體狀態。此外，一定的鍛鍊是十分必要的。

④洞察力以及對新聞報導的準確解讀，絕對是至關重要的，因為大型事件有時候就是由小的新聞事件持續發酵而成的。

⑤新聞事件會影響市場特徵、主力的態度以及他們的買賣行為。

⑥真正意義上的投機需要預測。行情紙帶的內容反映了大作手們及內幕人士的操作和動機。但賺大錢的機會存於長期波動中。

4

獲利細節三：解讀行情紙帶

HOW LIVERMORE READS THE TAPE

預測，但不堅持己見

帶著對市場及其長期趨勢的基本立場和明確看法，股市一開盤，李佛摩就拿起行情紙帶來驗證行情是否吻合自己之前形成的觀點。開盤之前，李佛摩已經對當前的行情，做出明確的判斷，並在腦海中對市場可能做出的行為進行預測。他認識到，當沖交易的結果在某種程度上可能會改變自己對於股價未來走勢的看法——這些交易結果會提供證據，驗證李佛摩的判斷是否正確。**如果判斷正確，他就堅持原有方向；如果判斷錯誤，他就改變自己的立場。**

那一條又小又窄的行情紙帶上，記載著數百萬人的希望、恐懼和渴望。行情紙帶正是那些買賣股票、債券的交易者思維的具象表達。紙帶上記錄著四百至五百檔主要股票不斷變化的成交量和快速波動的股價。只有那些深刻理解股票交易，並且經歷過長期訓練、經驗豐富的人，才能成功提煉出行情紙帶上展現出的市場訊息的精髓。

每一個熟悉華爾街的人都知道，股市不可能按照隨意的方向運行，雖然它確實反映著許多人的觀點，但大眾是無組織的，參與股市這個盛大遊戲的交易者中，很少有人知道他們鄰居的決策。不過主力和主要的股票作手們清楚的知道，特定的股票應該在什麼價位賣出，或者可以被炒到什麼價位再賣出。他們不遺餘力的誘多、誘空，或者誘使散戶在特定的價格水準上鎖倉不動，這些都是行情紙帶解讀者需要解決的問題。

李佛摩根據市場和個股的自身表現，來判斷它們未來可能的走勢，因為對他而言，這比內幕人士說了什麼、發表了什麼、承諾了什麼更有意義。李佛摩知道，在很多情況下，這些內幕人士是最容易對自己公司股票判斷失誤的人。這些人太瞭解他們自己的公司了，他們處在公司內部，所以看不到公司的弱點；**他們經常缺乏技術面的分析**。在訪談中提及一些季度的牛市時，李佛摩向我談到一些我已經十分瞭解的東西：**重大的**

賣盤在差不多相同的時間裡，可以追查到幾乎同樣的消息來源。而這就是行情紙帶對李佛摩如此重要的原因之一，因為行情紙帶揭示了巧妙散播的消息背後真實的意圖。

行情紙帶就像是沒有兩幀相同影像的電影。畫面每兩秒變化一次。每一次變化都和先前有一定關係，又為即將發生的埋下伏筆。閱覽行情紙帶並理解股市的瞬息萬變，在五小時的交易時間裡，不斷的運用各種變化所涉及的常識，摘取出核心的事實，辨識出其背後意圖以及可能即將發生的情況，這些正是李佛摩每天的工作。

下面是李佛摩會在行情紙帶上搜尋的一部分內容：

- 開盤價是否高於前一日的收盤價？
- 哪些股票在開盤就展現出強勢，哪些展現出弱勢？
- 哪些股票被忽視了？
- 龍頭股的特徵是什麼？
- 哪些板塊（產業）表現得最為強勢，哪些表現得最為疲軟？
- 之前的龍頭股是否開始露出猶豫之態，其他哪些股票正在衝擊龍頭位置。
- 強勢板塊刺激市場或者弱勢板塊拖累市場的程度如何？

- 操縱的性質。
- 哪些資金池最為活躍，其中的個股在大眾消息或者特定消息面前如何反應？
- 股票表現弱勢或者表現強勢的可能含義。
- 整個市場的成交量。
- 相比昨天、上週、上月，成交量上升了還是下降了？
- 龍頭股和次龍頭股面對刺激或者壓力如何反應？
- 買盤和賣盤的性質是什麼，是否大部分都是莊家在操縱，是專業交易還是大眾交易？
- 行情漲跌迅速還是遲緩，漲跌發生的頻率如何？
- 哪一種情況持續的時間最長？

- 漲跌幅度如何？
- 市場或特定的個股在壓力位置如何表現？
- 它們吸收賣盤和供應籌碼的能力如何？
- 主力資金池是在買進、抬價還是賣出？
- 是否有證據表明出現了過多的內部操縱？
- 內部操縱的程度嚴重與否？
- 場內交易商在做什麼？
- 這些專業人士的普遍立場是什麼——看多還是看空，短線還是長線？
- 大眾買入或者賣出的股票有哪些特徵？
- 這些股票受哪些因素影響？

- 沒有人為刺激或者施壓的情況下，市場自我維繫的能力如何？
- 這種情況下市場如何表現？
- 多頭突然放棄原有策略時，市場形勢會發生哪些變化？
- 特定產業中，哪些個股表現最好或者最差？
- 內幕人士是在觀望等待還是在蓄勢？
- 在較小壓力下，特定的個股是輕鬆上漲，還是缺乏買單支撐進而嚴重下挫？
- 內幕人士是公開買進還是祕密買進——他們是謹慎操作還是明目張膽？
- 這種情況的原因何在？

- 大幅或者小幅的漲跌什麼時候出現？
- 相較過去幾天、幾個月、幾年，市場現在的相對位置如何？
- 風險點在哪裡？
- 哪些股票不再跟隨趨勢的走勢，而是開始反向運行？
- 最重要的是——什麼時候可以大舉交易或者小規模交易？

李佛摩正是基於以上這些主要因素，來判斷他當前的行動或行動計畫是否正確，是否應該保持現有部位，是否應該完全改變方向，或者清倉從市場中退出。長期的實踐使得李佛摩的判斷力如直覺般敏銳。他認為行情紙帶能在事件發生之前，提前告訴自己未來將要發生的情況，因為股市中個人或者人群的情況，會或多或少的從他們的交易中，或者從行情紙帶所揭示的情況中反映出來。**李佛摩知道，當一個人發現某檔股票的價值發生變化之後，他會做的第一件事不是在跑馬燈上記錄下消息，而是買進或賣出這檔股票，然後向朋友告知這些事情。這就是李佛摩在不斷研究市場行為的過程中，在行情紙帶上找尋的「資訊」。**

華爾街的心理狀態，也就是大眾對時刻發生的事態所產生的心理反應，這對市場有著切實的影響。無論是大規模或小規模經營的操盤手，還是發行或購買證券的人，沒有人能夠忽略這一強有力的因素及其對供需的影響。

一些主力可能嘗試購買五萬股某檔股票，引起大眾或大量投資者拋售。如果大眾或大量投資者賣出五萬五千股這家公司的股票，則足以抵消主力購買股票的影響，市場最終會下跌而非上漲。從這裡可以看出為什麼心理因素如此重要，因為沒有人能夠預測各種事態對大眾心理的影響。**判斷這些情況，預測各種事件對大家的影響，這是李佛摩的強項。**

李佛摩並不是不關注小到中等程度的波幅。對於行情紙帶上的每一種市場動向，他都十分感興趣。

李佛摩仔細觀察股價從五%到二〇%，時間跨度從一周到六十天的變化，並且他專心研究二%、三%和五%的下降和反彈，因為所有這些對於形成股市的大趨勢都發揮著各自的作用。所謂趨勢，指的是雖然經常改變行進軌跡，股市還是沿著阻力最小的路線運動，直到上漲或者下跌的過程終結。

正如瀰漫的恐慌告知他是時候做多一樣，牛市的頂端同樣會發出經驗老道之人能辨別出來的訊號。李佛摩密切注意著這些訊號，因為他想盡力趕在別人之前看到這些訊號，特別是想趕在基金和其他大作手之前，這些人的策略是李佛摩想要搞清楚的。

在他認為的股市巨幅下跌的反轉點積攢夠想要的籌碼之後，他很可能持有這些股票達數月之久，有時候持有期達到一年多。因為李佛摩知道，整體商業環境的復甦、企業收益能力的恢復以及配息的增長，都需要相當長的一段時間來完成。因此，除非施以人為的刺激，股票的價格在數月之內不會完成上漲的過程。李佛摩對超過四分之一個世紀中所發生的繁榮和恐慌都十分熟悉，因此他具備基於事實的視角。所以，當其他人聲稱國家正在陷入衰退，並且透過清倉和做空來強調他們的觀點時，李佛摩仔細的留意著他稱之為**心理買點的時機**。在一九〇七年的市場恐慌中，他以小時的精確度觀察到了這種時機。在一九二一年的蕭條中，他在市場處於極低點時做多。他解釋的原因是當產品一度供給過度時，未來很可能就會出現產品供給短缺。但我懷疑這是他高度發達的第六感，或者直覺告訴他這個市場中最佳購買時機的精準點位。

在這樣的時段裡，發生的每一件小事都意味頗多——空頭的出擊、公共清算以及毫無希望的交易報告，這一切都意味深長。但是李佛摩最感興趣的是拋壓被消化的方式——拋壓在不同價格水準上遭遇的壓力；成交量，各種試圖打壓股價的主力所做的歇斯底里的努力；他們使用的伎倆以及說出的謊言。每個因素都有其分量，尤其是在遊戲的這個特殊階段。

這是一個遊戲，世界上最大的遊戲，百萬富翁們參與這個遊戲，他們利用自己的知識、權勢和資源，預測世界範圍內的變化，這些變化左右著證券價格整體上由低到高再由高到低的波動。李佛摩知道，任何一個人或一群人，無論多麼富有或者多麼有權勢，都不是事事皆知的天才，因此，他盡己所能，辨別出所有這些數百萬頭腦中的真實想法。

大量資金的移動才能影響市場

判斷長期波動中主要的轉折點，是李佛摩最重要的事情。李佛摩認為，如果能在恐慌和繁榮來回交替的過程中找到轉折點，就能知道，接下來的一、兩年裡，市場將會從最低點漲到最高點，而自己正是處於累積巨額收益的起始位置。至於為什麼能這樣，原因十分清楚。在市場恐慌的低點買進股票的人具有一定規模的運作資金。如果他在接近繁榮頂端的位置賣出股票，那麼他不僅會收回初始資金，還能獲得巨額的收益。如果接下來他反手放空，鑒於取得的收益，他的部位就會增加，如果能持有空頭位置直至下一次恐慌，他就會發現自己的財富實現了巨幅增長。

當然，李佛摩在最低點買進的股票，並非總能在最高價位賣出。當市場出現了一系列中級波動，並且開始接近重要的轉折點時，李佛摩就會尋找機會更頻繁的交易，因此，他經常在股價暴漲的過程中，放空全部或者部分的持有部位。這種暴漲發生在市場的上漲階段中，或者也被稱為拋售區間。李佛摩認為試圖賺取最後一%的收益不是一個好辦法，因為許多事情都可能發生，而這些事情可能使最終的轉折點較他的預期提前發生。李佛摩知道，所有的股票不會同時到達最高價位。在其他股票上漲趨勢還沒有結束的時候，一些股票在幾個月前就已經達到頂端。多頭也許會像攻陷敵軍防守的軍隊：股票可以一路大幅上揚，完全不回檔。李佛摩知道多頭的主要彈藥是資金，他也知道掌控和限制股價變動程度的整體形勢；他還知道，雖然消息、統計資料和配息等很重要，但是最重要的是，這些事件對於交易者思維的影響，以及進而誘使交易者和投資者進行買賣的程度。

數以百萬計的人們對於市場的想法不會影響到市場，能迅速影響到市場的，是他們實際的買進、賣出或者按兵不動。

從市場行為判斷中期市場波動

儘管對李佛摩而言，股市中的長期波動是最重要的，但這絕不是李佛摩股票操作的全部內容。李佛摩是一名激進的交易者，很久之前，他日復一日的在股市中快進快出，以此來彌補虧損。在他所進行的交易中，第二重要的就是市場的中期波動，即市場變動一〇％至三〇％，時間在一兩周至數月的波動。我們假設股市上行到高點，儘管還沒有達到轉折點，市場卻已經出現超買，市場的技術面就面臨一個一〇％到一五％的回檔。李佛摩認為，在這種情況下，最好減持做多的部位，這樣就可以在將來以更低的價格重新持有這些股票。在一些他認為最終市價將會更高的股票上，李佛摩考慮的是賺取二〇％或三〇％的收益，但是如果他在急劇反轉的市場邊緣先拋售股票，則是考量將來要在便宜一〇％的價位重新買回來，這時，他的初始交易成本也會調低了相應的幅度。

只有基於行情紙帶所反映的市場行為，李佛摩才能準確判斷中期市場波動的時間長短和方向。在其他任何方法下，李佛摩認為都無法恰當的做出判斷。不過，他還能從中看出市場由強轉弱的逐步演變，例如，當市場能夠全部吸收籌碼，支撐逐漸減弱等的其他各種情況。

就像李佛摩能夠老練的預見市場的下跌階段一樣，他也能預見這一段行情的尾聲，發現重新做多的時機。這些指示訊號常見於重要板塊的龍頭股和許多個股中——通常是那些最常見的中線交易個股。李佛摩很早之前就已經習得「依靠市場自身的行為對其進行判斷」的原則，而且他發現這些原則在股市的所有波動中都是起作用的，從每半小時一次的來回波動，到一至三年中股價的巨大波動。這是供需問題，只要認識到這一點並合理的應用，就能幫助解決大多數的股市問題。

市場沿著阻力最小的軌跡運行，當需求超過供給時，這條軌跡就向上運行。李佛摩每天的工作，就是發現市場瞬間的變化和那些需要更長時間才顯現的市場變化，正如每個製造商和商家判斷其產業的未來走勢那樣。

5

獲利細節四：交易策略和風險控管

HOW HE MAKES HIS COMMITMENTS AND LIMITS HIS RISK–HIS MINIMUM PROSPECTIVE PROFIT

華爾街一種常見的作法是，只因為有人說一檔股票將要上漲就去買進，不考慮相關風險和預期收益。縱覽華爾街多年的歷史，成千上萬的例子證明了這是一個巨大的錯誤。對於那些願意以一股二百五十美元的價格買進紐哈芬（鐵路公司）的人，幾乎可以肯定，他們要麼是認為股價會上漲，要麼是有人告訴他們股價會上漲。可是，如果當初有人告訴這些人，他們是在冒著兩萬五千美元的風險，去博取一千美元或者兩千美元的可能收益時，這些人中就只剩下很少一部分會去買進股票了。

如果操盤手可以在沒有虧損風險的環境中交易，那麼就沒有必要努力提前弄清楚收益的可能規模；**但是，只要虧損無法避免，而且需要考慮傭金、所得稅和利息等操作成本時，預期收益就成了成功交易的重要因素。**

令人吃驚的是，大眾可以接受低至二％到三％的收益，卻能容忍高達一〇％到三〇％，有時五〇甚至一〇〇％的虧損。這就意味著，大眾違背了成功股票交易的一個首要原則，那就是：**及時停損，放大獲利。**

一定要停損

在過去的五、六十年裡，幾乎所有成功的操盤手都採用並提倡這一原則。這是吉姆．基恩（Jim Keene）的格言；為柯馬克（Cammack）所奉行；由史上最成功的棉花投機商之一的迪克森．G．瓦茨（Dixon G. Watts）所踐行；被曾擔任過場內交易員的E．H．哈里曼（E. H. Harriman）所宣導。哈里曼還說：「如果你想在交易中取得成功，及時停損；將損失控制在八分之三個百分點以內，永遠不要超過一個百分點。」（當然囉，哈里曼是從場內交易員的角度說的，對於需要支付傭金和需要透過經紀人事務所開展交易的人來說，這種停損交易是不可能實現的）。

這些偉大的操盤手也奉行「**放大獲利**」的原則。他們之中的很多人還要「讓利潤節節攀升（pyramid）」，這是「**放大獲利**」的加強版。

傑西．李佛摩從對賭行那裡學到了這兩個原則，他早期正是在那裡學會怎樣交易。在這些對賭行交易只需要二％的保證金，**當這些少量的保證金虧光時，李佛摩就得到了充足的證據，表明他對這筆交易做出的判斷是錯誤的**。這一經歷讓李佛摩知道了停損的好處和必要性，並給他上了永遠難忘的一課，儘管和其他所有人一樣，李佛摩偶爾也會背離自己慣常的作法。

在向我解釋他的交易方法時，李佛摩說，「我所致力的，是盡我所能做出接近危險點的掛單。之後，我會觀察股價是否逼近危險點；或者如果我認為自己判斷有誤，我會很快終止這筆交易；但是一旦股價從我做多或者放空的價格上，離開危險點運行了幾個百分點，我就不怎麼關注它，直到結束這筆交易。」

將風險控制在至少有一〇%的收益上

李佛摩很少冒超過幾個點的風險，這就意味著，越接近危險點進行交易，他所冒的風險就越小。由於交易的股票數量龐大，李佛摩無法像小股民那樣輕鬆的進出市場，因為小股民買賣幾百股股票不會吸引人們的注意。如果李佛摩將危險價位設定在五十，那麼他會在五十和大約五十五之間開展交易。他無法像小股民那樣掛出停損單，或者將風險限制在一個絕對的數值；但是如果發現最初的判斷有誤，李佛摩將會在市場中拋售股票，或者等待強勢反彈點再清倉。

李佛摩對風險規模和最小預期收益規模之間的理論十分有趣，這似乎也是往往被大眾忽視的地方。操盤股票做為一項業務或者職業，其一系列的交易最終會引起一定比例的虧損或者收益，因此，交易者希望當支付完所有費用後，剩下的收益可以超過損失。李佛摩告訴我，正是出於這個原因，**除非他預見到至少一〇%的可能收益，否則他不會開展交易**。當然，他的交易中許多收益都遠大於這一數值。我曾經舉過一個例子，李佛摩曾在一次重倉交易中，獲利近五〇%，相比之下，他在初始交易上承擔的那幾個百分點的風險，確實微不足道。但是，設定至少一〇%做為獲利目標這個策略，讓我們可以看到，李佛摩是在為每三筆交易中的一或兩筆虧損預留空間，好讓那些虧損不至於把他努力在第三筆交易中所獲得的利潤全都毀掉。

嚴控風險與收益比

我講述這些不是想說李佛摩是一個激進的交易者，因為正如我已經解釋過的那樣，他通常在建倉後等待一波大幅的上漲。如果沒有賺到這筆收益，同時，股票對於有效的影響因素也未有反應，李佛摩就會得出結論，就是自己犯了錯，要麼是對於股票標的或者其走勢判斷有誤；要麼就是交易時機的選擇

有誤。重要的是，李佛摩經常根據久經考驗的規則及時停損；當股價向有利的方向運行時，他就放任收益滾動，直至收益達到相當大的比例，因此，用百分比來衡量的話，收益率會大於三〇％或五〇％。假若，交易的初始風險可能就是四％，儘管收益率是二〇％——風險／收益比為2：10——或者還要高。

像其他人一樣，李佛摩有些時期也會判斷失常，發生更頻繁的虧損——若非如此，他就是史上最成功的操盤手——但是畢竟他也是普通人而已，他的判斷雖然縝密，但也不是萬無一失。**李佛摩將這些虧損的交易也視為日間工作的一部分，他要做的就是努力減少失誤，使交易帳戶最終處於獲利狀態。**

觀察所有成功操盤手都奉行的方法，透徹的分析這些方法，你就會明白為什麼大眾通常都無法取得成功。大眾投資者通常只謀取三％的收益，卻願意承擔一〇％的虧損。而**李佛摩卻是承擔三％的虧損，謀取一〇％的收益。三或四％的虧損，對他來說就意味著危險**。而對大眾來說，這卻意味著一個健康的反應——沒有什麼需要警惕的地方。大眾認為很難獲取一〇％的收益，因為對於沒有經驗的交易者來說，如果他們買對了股票，也沒有耐心持有那麼久。對李佛摩來說，一〇％的收益是對他一開始的正確判斷的一種確認，也表明股票開始按照他預料的軌跡運行。

一個最簡單，同時又是最難習得的規則，就是及時停損。如果每個股票交易者都能一天一次、一週一次、一月一次，或者當特定百分比的虧損出現時，系統化的停損，並且只要當股票按照他預期的走勢變動時，有耐心為了豐厚的收益堅定持有，那麼他的交易成功之路，終將鋪就。

不僅僅對李佛摩來說是這樣，對其他每一個取得輝煌交易成就的大作手來說，這兩條規則可能都是取得成功的最關鍵所在。

6

獲利細節五：資金配置

HOW HE KEEPS HIS CAPITAL TURNING OVER

我們已經展示了當股價接近他所認為的危險點，或者股價變動有悖預期，發出虧損信號時，李佛摩怎樣結束他的交易。現在我們將考察他的交易方法。這一方法包含了股票交易中最關鍵的要素，儘管大眾基本都忽視了這一要素。**我提到過，當數天之內或者更長的合理時段內，股票沒有按照預期的方向變動時，李佛摩就會結束交易。**

在尋找虧損風險較小而收益豐厚的交易機會的過程中，李佛摩通過解讀行情紙帶來尋找最佳交易時機。他會觀察這檔股票數天或者數週，直到這檔股票運行到他認為可以交易的時候。

當這檔股票完成了力量積蓄階段，李佛摩不再疑慮了，他確定股票會朝著一定的方向運行。他會等待，直到確定自己的判斷是正確的。如果股票處於吸收籌碼階段，李佛摩會儘量抓住最後幾波買入的機會。股價之前的波動會使李佛摩形成判斷，在一定的市場條件下，他可以採取何種相應的操作，他會一直關注這檔股票，以確定利多的訊號沒有發生改變。

假如有一檔石油股，李佛摩已經判斷其股價達到了臨界點，即將拉升，其他的石油股表現強勁，而他從眾多的石油股中挑選的這一檔，不僅沒有對上述的上漲趨勢做出反應，反而表現出滯後的勢頭。李佛摩的推斷就是，儘管自己預期股價上漲，但是很顯然發生了一些事情推遲了內部人士或者其他主力交易這檔股票。也可能有一些造成股價短暫下跌的消息，使得這檔股票不跟隨其他石油股上漲，從而失去買盤支撐，轉而被市場拋售。

這檔股票也許會在更低的價位上被買進，但是這對於李佛摩而言並沒有意義。這檔股票已經得到機會展現強勢或者弱勢了，當轉為弱勢時，李佛摩就會迅速結束交易。因為在那種走勢不符合其預期的股票身上，他實在耗不起。他不一定非要在股票出現虧損的時候，才結束交易。當弱勢訊號出現時，股票有可能還是上漲一至二%。李佛摩會在股票沒有表現出預期的波動時結束交易，不在乎此時的股價是否與買進價持平，還是高一%抑或低一%。

「難以上漲」的股票耗費資金

在所有占用操盤手交易資金的股票中，那些遲遲不能步入預期走勢通道的股票可能是最具破壞性的。當操盤手結束一筆虧損的交易，他能明確的知道自己的虧損是多少。但是當他繼續持有，寄望於股票會在一兩天之內展現出更明確的走勢，表現出更多的收益前景時，那麼這名操盤手僅僅是在「希望」形勢好轉。而正如李佛摩所說的那樣，「當在一筆交易中只能依賴希望的時候，我會退出交易，因為它只會讓我心煩意亂。我不依賴其他東西，我只依賴真實的事物。」

簡而言之，**當買進股票的時候，李佛摩認為那檔股票在當時是值得購買的。如果他的判斷是正確的，那麼股價將要上漲；如果股價沒有上漲，李佛摩就會知道自己犯了錯，一些與股票之前給出的指示相衝突的事情發生了。在這種情況下，李佛摩寧願退出交易。**

套牢的股票不但影響資金的流動，還會錯失其他交易機會

有長期交易經歷的人都知道，自己的一些重大虧損是源於依賴希望而進行的交易。有一類股票叫做「買了就存起來」的股票。一些人認為當股票或者債券被存放在保險箱裡時，它們就是安全的。這樣的話，它們的確能免於水火之災和盜竊，但是它們永遠不可能免於市場價值的縮水。

按照合適的周轉速度持有交易資金，是華爾街和商人的一

個重要原則。假如第五大道的大型商店不能將低流動性的商品置於櫃檯並售出，不久他們就會發現自己的流動資金在減少，大部分資金都套在自己不想持有的商品上——這些商品就擱置在櫃檯和儲存室裡吃灰。這樣下去生意就難以為繼。但是如果讓這裡面的一名商人進入證券市場，他很可能就會放棄上述使得自己取得商業成功的原則。這個商人會買進一檔股票，並賺取小額的收益，但是他還會買進另一檔股票並一直持有，特別是當該筆交易出現了虧損——他會一直持有直到虧損達到一〇%、二〇%甚至三〇%。這種作法不僅使得他的資金縮水，還有更重要的一點——很少人會意識到的一點，就是由於進行這些沒有收益的交易而錯失的「機會」。

每一名商人或者製造商，都努力讓資金在一年的時間裡盡可能更多次的周轉。如果部分資金被凍結的話，就只能用剩下的資金來周轉了。這樣一來，他當期的淨收益就會遠低於應有值，因為如此一來他將不得已錯過許多能在有吸引力的價位購買心儀商品的機會。這是李佛摩一直特別規避的情形。

李佛摩的目標是能夠周而復始的獲取各個投資機會帶來的好處，在正確的時機買進正確的股票，在股價向著預期的方向變動時，持有這些股票。因此，他會賣掉那些「難以上漲」的股票，就像一名老練的保齡球選手，希望球童清理掉躺在豎立的瓶子之間的被擊倒的瓶子。

他總為機會做足準備

每隔一、兩年，股市都存在巨大的機遇，可以在股價的恐慌性底部或者經歷嚴重下挫後抄底，或者從泡沫的高點大幅放空。如果李佛摩大量做多或者放空都只是憑藉著「希望」這些交易最終是正確的，那麼在股市出現這些關鍵點位，他進場開展自己最重要的交易時，他的判斷就不可能如此清晰。

股票下跌時及時停損，與預期相反時立刻賣出，這兩個交易規則使得李佛摩既能限制風險的程度，又能限制在一項交易

中運用資金的時間長度。這樣，他既有了價格停損的方法，也有了時間停損的方法。

總結

對於股價的走勢，如果判斷有誤，李佛摩就會快速退出交易，而不會等待幾個百分點再退出；如果股價在數天之內沒有表現出應有的走勢，他也不會在該筆交易中多做停留。

這兩個方法也許可以被稱作李佛摩交易方法的命脈。因為這兩個方法使得李佛摩的資金能夠持續的周轉，並確保他能夠立即抽調資金，投向當下最有前景的市場機會。

7

獲利細節六：交易的股票類別

THE KIND OF STOCKS IN WHICH TO TRADE

前文已經講到，**只有在確保最低預期收益時，李佛摩才會進行交易**。此外也介紹了他如何從自己的股票籃子裡剔除不符合他預期波動的股票。現在我們來看看他所交易的股票類別。

顯然，如果他的目標是實現至少一〇%的收益，那麼他不可能將注意力和資金，放到那些在絕大多數時間裡處於狹小波動區間的股票上。也就是說，這些股票可能出現一〇%的浮動，但是這大概要花上幾個月的時間來實現，這會讓交易者失去在更加活躍的股票上，獲取利潤的潛在機會。總的說來，**他的操盤方法是剔除藍籌股**（編按：指的是在某一產業中處於重要支配地位、業績優良、市值大、營收穩定、市場認同度高的大公司的股票），除非這些股票正處在前景十分光明的形勢下。他傾向於交易價格迅速變動的股票——有著很大波幅的股票，即市場中的龍頭股。這些通常是最活躍的類股中最好的股票——這些股票波動最快而且波幅最大。李佛摩就是從這些股票中獲取了最可觀的收益。

我的意思並不是說有些股票對他來說是禁忌。只要他認為收益可能性遠大於承擔的風險，他都可能投資。他從一些價格較低的股票中也賺取了大筆的錢，而且在考慮了所有因素後，這樣的收益很讓人滿意。如果以十美元的價格買進股票，股價漲到二十美元，那麼，所投入的資金獲得了一〇〇%的收益；

相較之下，一檔高價股則必須從兩百美元漲到四百美元才能獲得與之相等的收益率。然而，股價從十美元漲到二十美元所跨越的價差，與股價從兩百美元漲到四百美元所跨越的價差相比，有著巨大的差異，而李佛摩追求的是更大的報酬。

在股價為十美元的情況下，李佛摩會很自然的直接買進，此時他承擔的風險是一〇%，或者如果不利的走勢出現，他可以選擇在下跌一〇%之前就賣出停損。但是當買入高價股，而買進之後股價下跌了幾美元時，他就不會再採用上面的策略了。因為比如以兩百美元買進，股價在買進之後下跌到一九三或一九〇美元，這說明之前他得到的上漲指示訊號已經失效。

這些決策取決於當時市場的特徵，以及這檔股票和該板塊中其他股票的表現。正如我們常說的，每檔股票的市場情形是不一樣的，必須透過它自身的特點來判斷。按照李佛摩的操作，對於股價為十美元和兩百美元的股票，其相應的風險差異不會像其價格差異那樣明顯增加；但是購買高價股票的真正動機正是它波動大，這意味著當購買大量股票且判斷正確時，可以獲取高額的報酬。

李佛摩曾說過：「堅決做多強勢產業中的強勢股。」

當然，李佛摩並非對某一類股票情有獨鍾，但是，進行大量的換手交易，同時還要希望股價迅速反應並且波幅巨大，李佛摩的選擇範圍就比那些交易對行情幾乎沒有影響的普通人更窄。李佛摩與華爾街那些銀行基金所持有的部位也不一樣。這些機構的交易量巨大，而且需要一定的交易時間，舉例來說，如果他們想要購買足夠股票的話，需要一〇%的股價波動；如果需要賣出持股，又需要一〇%的股價波動。因此，除非行情要求迅速行動，否則大多數情況下，李佛摩能在少數幾個百分點的波動區間中，獲得大部分他想要的股票。李佛摩的交易往往涉及一組股票，當他進行個人帳戶的交易時，李佛摩在任何一檔股票的交易上都可以靈活運作，但是當他做為基金經理操作涉及幾十萬股的一組股票市場基金時，他在股票上的交易就不那麼靈活了。

李佛摩想要「波動大」的股票

總而言之，李佛摩想要的是波動——快速波動，而且波幅巨大的股票。

對於想要在股票交易中取得成功的人來說，有一個建議是：選擇合適的股票十分重要。結合前面講過的李佛摩得出的寶貴規則，讀者此時應該明白在股票市場中取得成功所需的一些要素。

許多讀者會堅定的對自己說，「那些規則對李佛摩而言是非常合適的，但是我有自己的見解」。你可以有自己的見解，但是鑒於大眾投資者的諸多經歷，筆者對這些自以為比李佛摩或者其他人懂得多的人有一個很簡單的建議：忘掉你知道的，或者你以為你知道的關於股票交易的東西，採納上面的這些規則。到最後，你會發現，自己的境況會比堅持自己有瑕疵的想法改善不少——這項交易活動如此複雜，就連最成功的操盤手都要經歷許多年的實踐和打磨。

8

獲利細節七：放大獲利的累進戰術

LIVERMORE'S METHOD OF PYRAMIDING

本書前面的章節提到過，傑西．李佛摩的交易方法與已故的詹姆斯．R．基恩的交易方法類似。其中的一點就是，李佛摩多次用小規模資金賺取了豐厚的收益。

在十九世紀九〇年代早期，基恩操作著一檔投資於美國繩業公司（National Cordage）的共同基金。當時市場正處在一八九三年大恐慌之前的一種非健康狀態。基恩竭力將公司股價做高，但之後整個基金都崩潰了，基恩截至當時所積累的巨額財富差不多損失殆盡。當清算完畢後，基恩只剩下三萬美元。然而就用這筆錢，他重新累積起了數百萬美元的財富。

有一天，一位知名的新聞記者拜訪了基恩，並給他帶去一些消息，告訴他澤西中央公司（Jersey Central）的一個子公司陷入了財務困境，結果對澤西中央公司而言會很糟糕，當時澤西中央公司的股票市價在七十美元左右。我不知道這是否是誘騙基恩做放空的陷阱，但是看上去令人懷疑是個圈套。基恩開始拋售澤西中央公司的股票，並勸說其他股東對該公司施行破產清算，但是在當時的股價水準上，基恩發現澤西中央公司有很強的支撐。在他差不多竭盡全力放空之後，股價開始上漲。當股價上漲到八十美元的時候，他意識到自己犯了錯，因此他轉變立場，反手做多。

基恩蒙受了巨大的虧損，自己的三萬美元本金也大幅受損，但是這些並沒有讓他氣餒。基恩盡可能的做多，當股價持續上漲的時候，他繼續加碼。從他起初開始放空的位置算起，股價上漲了將近一〇〇％，但是截至這個時候，基恩的三萬美元初始營運資金已經增長到了一百七十萬美元，這讓基恩重新站穩腳跟。

一九〇六年十二月，李佛摩看到了放空的機會，他極其清楚的預見了即將爆發的危機，於是他建起了中等規模的空頭部位。李佛摩做空的股票每下跌一％，就會給他帶來更多的操作餘地，他就迅速抓住機會。李佛摩按照經紀人允許他放空的額度不斷抛售股票，當一九〇七年上半年恐慌爆發時——也就是在他開始放空的數月之後——他賺取了一百萬美元。

股價上漲時使用累進戰術

在一九〇七年，累進戰術對李佛摩而言，已經不是什麼新鮮事物了，儘管自那以後，李佛摩對這種交易方法的某些細節進行了調整，但他從未失去利用時機的能力。在這麼做的時候，他常引用成功的棉花投機商迪克森．G．沃茨的書，書中說道：「**最好在股價上漲而非下跌時運用累進戰術**。這個作法與大眾通常認為並採用的作法正好相反，大眾通常是先買進，然後在股價下跌時買進更多。這種作法不斷拉低平均價。也許五次之中有四次，市場可能停止下跌。但是在第五次中，一旦碰上了永久性的市場下跌，操盤手將蒙受巨大虧損，被迫出局，這種巨額的虧損通常是毀滅性的，虧損程度之大足以讓人完全一蹶不振。在上漲行情中使用累進戰術恰恰相反，那就是一開始建立起中等規模的部位，當市場上行時，緩慢而謹慎的加碼。這是一種需要十分小心和謹慎的投機方式。」

當然，這種交易手法並非由沃茨先生創立，該方法的歷史和華爾街一樣悠久。許多投機交易所獲得的財富都是得益於這種方法。艾迪森．卡麥克（Addison Cammack）常說，「上帝站在強者一邊。」身為一位著名的放空交易者，艾迪森．卡麥克曾用累進戰術在股價下跌的過程中，將股價打壓得越來越低。

大約十八個月之前，我曾和李佛摩一起探討累進戰術的優勢所在。我告訴他說，我曾見過一些人運用這種交易手法，他們只用了很少的資金，就取得了豐厚的回報。李佛摩當時比較傾向於一次性全部完成買進或者拋售，但從那以後他調整了手法。在股價最開始波動幾個百分點的時候，他會採取一種可以被稱作「有限累進戰術」的作法。**如今，他認為採用這一戰術**

的最佳作法是，首先，建立一些部位；當市場行情確認了其觀點的準確性時，雙倍加碼；如果行情紙帶上出現了進一步的利多情況時，就建立完所有的部位。當他這樣操作大量股票時，他的買進行為自然而然的充當了價格推進器的角色，推動股價朝著心儀的方向前進。

制定重大決策需要冷靜的頭腦

李佛摩還採納了沃茨另一個十分有利的交易規則，那就是：「所有投機活動的基礎原則在於保持頭腦清醒，這樣判斷才值得信賴。因此應當儲備力量，等待重大時刻的到來，在這一時刻來臨之際，就將全部力量聚焦於自己的重要決策。」

正是在這些重大的時刻——牛市的頂點，以及帶來恐慌的多年熊市低點——李佛摩完成了他卓有成效的工作。因為他強烈的意識到，在恐慌狀態的熊市中平掉空頭部位轉手做多，以及在瘋狂上漲的市場中退出多頭部位轉手放空，都有著巨大的優勢。我不是說李佛摩總能挑中合適的時機，但是在過去的許多年裡，他在這方面的平均準確率，毫無疑問要比任何其他成功的操盤手都高。因為在這些時刻，他的累進戰術和耐心等待巨幅波動的操作手法被運用到了極致，他也建好了部位，等待下一次相反方向的巨幅波動。

這種建立部位的手法就像是蓋樓時打地基——根基打得越深，建築就會越堅固牢靠。當李佛摩在熊市進行這種部位建立時，他就對市場反轉運動的可能性極其敏感，並留心守候著真正的買進機會。如果判斷正確，那麼從這裡開始，他就開始進行累進操作，並且幾乎穩操勝券。李佛摩的經驗表明，一般來講，**在遠離初始建部位價位的地方進行累進操作是不明智的**，因為這樣一來，平均價格就會發生巨大變化，市場中任意一個不利反應都可能使交易陷入巨額的帳面虧損。這就是李佛摩鍾愛的「有限累進戰術」的基石所在。

總結

在這個採訪中最讓我感興趣的是，李佛摩僅僅是在他成為一名投機型投資家之後，才憑藉與生俱來且後天加強了的行情紙帶解讀能力，在買賣證券方面取得了成功。他主要的操作方法就像商人一樣——準確的預見特定商品的未來需求，買進並耐心等待獲利機會。相應的，當他預見商品會供給過度時，他就放空期貨，然後在未來以更低的價位回補空單。

李佛摩說：「股市中的成功並無神祕之處。想要在市場中取得成功，投資者必須具備經濟學基礎，並且熟悉各種情況。」

李佛摩這些經驗的寶貴價值在於，它指出，一個不以投資或投機做為職業的普通交易者，不必天賦異稟，照樣能從股市中賺到錢。

確實，很少有人天生就是偉大的操盤手，但從李佛摩的交易方法我們可以得出：**最佳的結果不是源自頻繁的交易，而是來自對市場和商業環境的影響因素的仔細研究。**

國家圖書館出版品預行編目（CIP）資料

史上最強股票作手的獲利細節：王見王的實戰型專訪，量價分析創始人理查・威科夫替你問出傑西・李佛摩的交易習慣、思考邏輯與行為／傑西・李佛摩（Jesse Livermore）、理查・威科夫（Richard Wyckoff）著；肖鳳娟譯．-- 初版．-- 臺北市：樂金文化出版：方言文化發行，2020.09
160 面；14.8×21 公分
譯自：Jesse Livermore's methods of trading in stocks
ISBN 978-986-99229-5-1（平裝）
1. 股票投資 2. 投資技術 3. 投資分析
563.53 109011741

史上最強股票作手的獲利細節

王見王的實戰型專訪，量價分析創始人理查・威科夫替你問出傑西・李佛摩的交易習慣、思考邏輯與行為

Jesse Livermore's Methods Of Trading In Stocks

作　者　傑西・李佛摩（Jesse Livermore）& 理查・威科夫（Richard Wyckoff）
譯　者　肖鳳娟

編輯協力　林映華、黃愷翔
總 編 輯　陳雅如
企 劃 部　謝孟辰
業 務 部　康朝順、葉兆軒、林子文、林姿穎
管 理 部　蘇心怡、張淑菁、莊惠淳

封面設計　許晉維
內頁設計　綠貝殼資訊有限公司

出　版　樂金文化
發　行　方言文化出版事業有限公司
劃撥帳號　50041064
通訊地址　10045 台北市中正區武昌街一段 1-2 號 9 樓
電　話　（02）2370-2798
傳　真　（02）2370-2766

定　價　新台幣 320 元，港幣定價 107 元
初版一刷　2020 年 9 月
I S B N　978-986-99229-5-1

Jesse Livermore's Methods Of Trading In Stocks by Richard Wyckoff and Jesse Livermore

Through Beijing Tongzhou Culture Co.ltd.

樂金文化　方言出版集團
BABEL PUBLISHING GROUP